AF224278

L'IMPOT

SUR LE CAPITAL

LIBÉRATEUR

DE LA CONTRIBUTION DE GUERRE

PARIS

IMPRIMERIE BALITOUT, QUESTROY ET Ce,

7, rue Baillif; et rue de Valois, 18.

L'IMPOT

SUR LE CAPITAL

LIBÉRATEUR

DE LA

CONTRIBUTION DE GUERRE

MOYENS PRATIQUES DE L'APPLIQUER

PAR

Le Comte Xavier BRANIÇKI

PARIS

E. DENTU, LIBRAIRE-ÉDITEUR

GALERIE D'ORLÉANS, 17-19, PALAIS-ROYAL

—

1871

L'IMPOT
SUR LE CAPITAL

LIBÉRATEUR

DE

LA CONTRIBUTION DE GUERRE

MOYENS PRATIQUES DE SON APPLICATION

Dans un écrit que nous avons publié au commencement du mois dernier (1) et qui a eu la chance heureuse d'attirer l'attention du public en France et à l'Etranger, nous avons émis cette idée, que pour nous libérer de trois milliards qui nous restent à payer sur la contribution de guerre imposée par le traité de paix avec la Prusse, la meilleure mesure à prendre, la plus simple et la plus efficace était la suivante :

(1) *Libération de la France par un impôt sur le capital*, par le comte Xavier Braniçki. Paris, chez Dentu, galerie d'Orléans, 17 et 19, Palais-Royal.

« Faire un appel au patriotisme, à l'esprit de sacri-
» fice et à l'intérêt économique bien entendu de toute
» la population de la France et décréter par l'Assem-
» blée une *contribution nationale extraordinaire*,
» une fois payée, de 3 0/0 sur la valeur de toute
» propriété immobilière et mobilière de tous les
» citoyens Français. »

Nous avons affirmé que l'impôt sur le capital que nous proposons est préférable à l'impôt sur le revenu ou plutôt *sur les revenus*, pour adopter la dénomination que donne à cet impôt le rapporteur du dernier budget — M. Casimir Perrier.

Cette préférence est motivée à nos yeux par les raisons suivantes :

1° L'impôt sur le capital n'atteint que la richesse naturelle et industrielle, les produits accumulés du travail déjà accompli, le sol et ses produits emmagasinés, les fruits de l'épargne placés ou engagés, en un mot la propriété réalisée, tangible et ostensible et non le capital en voie de formation, le travail en voie de création de la valeur.

Cet impôt s'adresse au sol, à sa superficie et à ses entrailles, aux constructions, aux marchandises en général, à l'argent ou aux valeurs industrielles et financières qui le représentent et non aux salaires, aux traitements, aux gages, aux honoraires, aux pensions.

Nous ne considérons pas comme capital réalisé les forces physiques et intellectuelles de l'homme, — car nous n'aimons pas les métaphores en fait d'économie politique et des finances, — mais bien les résultats agglomérés de l'emploi de ces forces, ainsi que de toutes les forces de la nature, c'est-à-dire, les valeurs matérielles et les objets vendables (nous préférons ce terme à celui de vénals) et surtout celles qui produisent un intérêt, ou un revenu, par le fait même de leur existence et de leur location pour toutes sortes d'emplois.

2º Le second avantage de l'impôt sur le capital découle de sa nature telle que nous venons de la définir. C'est un impôt *réel* plutôt que *personnel*. Or, l'impôt, en général, doit avoir ce caractère. Il est plus stable et moins vexatoire, il ne change pas avec chaque mutation partielle de la propriété. Il suit la chose et non l'homme. En effet, il importe peu au Trésor public qu'un hectare de terre, une maison, un établissement industriel ou commercial, ou enfin une valeur de Bourse, *action* ou *obligation*, appartienne à tel ou tel propriétaire, pourvu que la taxe afférente à la propriété soit régulièrement acquittée et que son assiette ne soit modifiée qu'avec le changement subi par la chose taxée. Cette forme d'impôt affranchit d'ailleurs beaucoup plus le contribuable de toute enquête, de tout procédé inquisitorial sur l'état de la fortune et de la personne du propriétaire, avantage immense qui seul fait admettre, et même souvent préférer les contributions indirectes aux impôts perçus directement, qu'ils soient impôts de répartition ou de quotité.

3° L'impôt sur le capital, étant un impôt *réel,* ne peut être en même temps qu'un impôt *proportionnel.* S'adressant à la terre, à l'immeuble, aux établissements industriels et commerciaux, aux valeurs et effets publics, il ne se préoccupe pas de la question de savoir : si le propriétaire ou l'usufruitier d'une valeur susceptible d'être taxée possède d'autres immeubles ou d'autres valeurs mobilières, si ce n'est pour les soumettre à leur tour à la même contribution.

L'impôt sur le revenu, au contraire, s'adressant à l'individu, le considère comme base et comme motif de la taxation, il le constitue en quelque sorte comme *unité contribuable.* Au lieu de suivre les rayons sortant de divers foyers de richesse, c'est-à-dire des formes multiples de la propriété et du capital, pour en trouver le point de concentration temporaire et passagère dans la personne du propriétaire, il suit une marche inverse et procède de la personne du propriétaire, de l'individu, comme s'il était le centre perpétuel et la source permanente de la valeur, et asseoit la taxe sur cet accident de concentration toujours mobile et souvent éphémère. De là proviennent toutes les erreurs des théories, selon nous contraires aux règles de la saine logique et préjudiciables, dans la pratique, aux vrais intérêts de tous les citoyens, qui ont pour objet la création de l'impôt au taux gradué, l'*impôt progressif*. Comme parmi les critiques adressées à notre projet, celle de mener à la spoliation des classes aisées et riches figure souvent en première ligne, il nous sera permis de nous étendre quelque peu sur ce sujet. D'après les théoriciens de l'impôt progressif, la quotité de l'impôt sur le revenu varierait non pas selon les fluctuations dans la valeur des objets taxés, mais selon leur accumulation plus ou moins grande dans les mêmes mains dans un temps donné ou à une époque déterminée. De cette façon un même hectare de terre, la même maison, le même établissement industriel ou commercial, la même valeur de bourse payeraient un impôt d'un taux plus ou moins élevé selon que le propriétaire serait plus ou moins riche, qu'il posséderait par exemple vingt hectares au lieu de dix, deux maisons ou deux fonds de commerce au lieu d'un, ou cent actions ou obligations au lieu de dix.

L'impôt n'est pas et ne doit pas être une amende, ni une pénalité pour l'accumulation, ni une spoliation partielle d'une classe de citoyens, mais une contribution aux charges communes à des conditions égales pour tous, c'est-à-dire proportionnée à la valeur de la propriété de chaque contribuable.

Les partisans de la progression dans le taux de l'impôt pourraient tout aussi bien demander une tarification des prix de marchandises, d'après la fortune do l'achoteur.

Nous pensons que tous les Français doivent être égaux devant la caisse du percepteur, comme ils le sont dans la boutique d'un boulanger, d'un boucher ou d'un épicier. On ne paye pas un pain de quatre livres, un kilo de viande, ou de telle autre denrée de qualité ordinaire, plus cher, parce qu'on est plus ou moins riche, mais on y dépense plus ou moins d'argent, alors que l'on consomme plus, ou qu'on achète des objets de qualité supérieure, c'est-à-dire que l'on peut dépenser davantage.

Cette idée de graduer le taux de l'impôt ou les prix des choses selon la fortune, dérive d'une philanthropie fausse ou mal éclairée.

. Fournissons aux citoyens plus pauvres les moyens de gagner des salaires plus forts, assurons-leur un travail plus constant, mieux rétribué et quelquefois moins pénible, mais ne leur créons pas de privilége, qu'ils ne demandent pas, de payer les mêmes objets meilleur marché, ni de payer sur ces mêmes objets des taxes différentes.

Le danger de l'introduction d'un impôt progressif, imminent avec l'impôt sur le revenu, qui est personnel, est nul avec l'impôt assis uniquement sur le capital, qui est purement réel. Avis aux conservateurs de saines doctrines !

A tous ces avantages généraux, qu'on est forcé de reconnaître à l'impôt sur le capital en le comparant à l'impôt sur le revenu, nous devons ajouter cette considération majeure que l'impôt de 3 0/0, que nous proposons, ne doit être prélevé, sur toute espèce de propriété, qu'une *seule et unique fois.*

On conviendra donc que, dans des circonstances aussi exceptionnelles et en cas de nécessité aussi urgente que celle où nous nous trouvons, cette mesure acquiert un caractère d'universalité, de sécurité et de rapidité qui la rend préférable, sous tous les rapports, à l'impôt sur *le revenu.*

Après le *quid* le *quomodo.*

Après avoir établi les avantages de l'impôt sur le capital, il nous reste à résoudre la question pratique de l'assiette, du mode de perception, de la mise à exécution de notre *contribution nationale*. A ce sujet, la voie nous est aplanie, jusqu'à un certain point, par les règles établies pour la perception de l'*impôt sur le revenu* dans divers Etats de l'Europe et de l'Amérique.

Les États qui ont introduit chez eux cette taxe sur le revenu sont notamment l'Angleterre, l'Autriche, quelques États de l'Allemagne, tels que la Bavière, le Wurtemberg, la Prusse, et enfin les États-Unis d'Amérique.

L'*income-tax* anglaise la plus anciennement établie, pour faire face à de « pressantes et cruelles nécessités, » est un impôt dont le taux actuellement fixé est d'environ 3 0/0 sur tout revenu au-dessus de 150 livres sterling (3,750 fr.). Ces revenus sont divisés en cinq catégories rangées dans cinq *cédules* désignées par les initiales A, B, C, D, E.

Les deux premières comprennent les revenus fonciers, les trois dernières les revenus mobiliers.

Les cadres imposés à ce travail ne nous permettent pas de faire une monographie complète de l'*income-tax* anglaise. Elle est suffisamment connue, d'ailleurs, par de nombreuses publications faites dans presque toutes les langues de l'Europe civilisée. Nous nous bornerons donc à indiquer les bases de perception de cet impôt, classées dans les cinq cédules préindiquées (1).

La cédule A comprend « toutes terres, *tenements* et » héritages dans la Grande-Bretagne, *relativement à* » *la propriété* », c'est-à-dire la *rente foncière.*

La cédule B comprend les mêmes terres, mais « *re-* » *lativement à l'occupation,* » c'est-à-dire les revenus de fermage et d'exploitation.

La cédule C porte sur « tous profits provenant » d'annuités, dividendes et parts d'annuités payables » sur le revenu public à une personne, un corps poli- » tique, une corporation, compagnie, société consti- » tuée en corporation ou non. »

Ceci comprend les rentes sur l'État et les valeurs de Bourse nationales et étrangères.

Dans la cédule D sont compris « les profits et gains » annuels de toute sorte de propriété, profession,

(1) Un petit livre récemment publié, dont l'auteur est M. Trolard, inspecteur des finances, expose avec beaucoup de science et de clarté la législation relative à cette matière dans les divers pays qui ont adopté l'*income-tax*. Nous y renvoyons ceux de nos lecteurs qui seraient désireux de se renseigner plus amplement sur l'organisation de cet impôt dans les pays respectifs. Quant à nous, forcés par le sujet que nous traitons à nous restreindre à la comparaison entre les deux systèmes d'impôts, l'un sur le revenu, l'autre sur le capital, nous ne ferons qu'un résumé très succinct de modes employés pour établir le premier.

» commerce, emploi ou vocation de toute personne
» résidant dans la Grande-Bretagne, » soit que ces
profits soient recueillis, ou que la propriété soit située
dans la Grande-Bretagne ou ailleurs. Tous les revenus
de propriétés situées dans le pays, et toute profession,
commerce, emploi ou vocation exercés dans le pays,
même par des étrangers, sont également compris dans
cette cédule.

Elle embrasse donc le commerce, l'industrie, les
professions libérales, les chemins de fer, mines, usi-
nes, etc.

Enfin la cédule E comprend les revenus de « tout
» émolument, office ou emploi public, annuité, pen-
» sion ou salaire payable par la reine ou sur le revenu
» public de la Grande-Bretagne, excepté les annuités
» comprises dans la cédule C. »

La cédule E comprend donc les traitements et pensions des employés de l'Etat.

L'assiette de l'impôt sur le revenu en Angleterre, —
sauf ce qui concerne les rentes sur l'État et les dividendes payés par les compagnies de chemins de fer
et les banquiers soumissionnaires des emprunts étrangers, — repose sur la *déclaration* du contribuable.
Cette déclaration, faite d'après une formule fournie
par l'administration, contrôlée par les assesseurs

choisis parmi les habitants, et ensuite par les commissaires généraux et les inspecteurs nommés par le gouvernement, sert de base à la taxation.

L'Autriche, la Prusse et quelques autres États allemands ont suivi l'exemple de l'Angleterre, mais en cherchant à mettre la nouvelle taxation en harmonie avec la législation relative aux impôts déjà antérieurement existant dans leurs pays respectifs. En Autriche, l'impôt sur le revenu (*Einkommen-steuer*) est empreint de l'esprit d'une fiscalité qui s'éternise. Il frappe tous les ans non-seulement les bénéfices des commerçants et des industriels, qui déjà payaient un impôt sur l'industrie, mais les traitements, les salaires payés par les particuliers, et jusqu'aux gages des domestiques.

Toutes les professions libérales sont également atteintes ainsi que tous les intérêts des capitaux prêtés, les rentes sur l'Etat, etc. L'assiette de l'impôt est basée sur une déclaration faite *sous serment*, contrôlée ensuite par deux sortes de commissions, et sujette à des pénalités égales au triple de la valeur dont le Trésor aura été frustré.

En Prusse, un impôt sur les classes (*Klassen-steuer*) avait été depuis longtemps établi pour tenir lieu de l'octroi sur la mouture et l'abbatage (*Mahl und schlacht steuer*), mais n'atteignait que les petits revenus au-dessous de mille thalers (3,750 fr.). Il a été complété depuis par un impôt atteignant les revenus supérieurs, classés d'une certaine façon (*klassificirte Ein-kommen-steuer*). Le mécanisme de cette taxation, assez compliqué, est minutieusement réglementé dans une législation spéciale. Les revenus de toute source sont divisés en douze groupes et trente classes, selon leur importance, et la quote-part à payer est proportionnée au minimum de chaque classe. L'assiette de l'impôt repose comme ailleurs sur la *déclaration* du contribuable, vérifiée ensuite par des commissions électives communales et des commissions supérieures nommées par le gouvernement. Cette réglementation est caractérisée par cet esprit de précision minutieux qui distingue tous les *élaborats* prussiens, et peut servir de modèle pour la solution de certaines questions de détail, dont l'introduction de l'impôt sur le revenu est nécessairement accompagnée, partout où il apparaît pour la première fois.

Nous ne dirons que quelques mots sur les législations de la Bavière et du Wurtemberg. En Bavière, l'impôt atteint surtout les professions libérales, les salaires des ouvriers gagnant plus d'un florin (1 fr. 15 c.) par jour et les intérêts des capitaux. Dans le

Wurtemberg il s'applique aux capitaux productifs ou non d'intérêt, aux rentes sur l'État, aux dividendes des compagnies industrielles, aux bénéfices, etc., enfin aux traitements, pensions, gages et honoraires. Une particularité de cette législation est que le roi et les membres de sa famille sont soumis à cette taxe comme tous les autres contribuables. Comme ailleurs, l'assiette de l'impôt a pour base la déclaration, vérifiée et contrôlée.

Aux États-Unis d'Amérique, *l'income-tax* établie au commencement de la guerre de la sécession et organisée définitivement après cette guerre, est un *impôt fédéral* payé par chaque citoyen sur son revenu net, provenant des intérêts des capitaux, de profits industriels, des bénéfices du commerce et des exploitations agricoles, de la rente foncière, des dividendes des compagnies commerciales, et enfin des traitements et pensions payés par l'Etat, y compris les indemnités des sénateurs et des représentants. Les salaires des ouvriers et les gages des domestiques en sont exempts. L'assiette de l'impôt s'établit, aux États-Unis, par la déclaration du contribuable, mais l'organisation de la procédure administrative, à cet égard, y est aussi simple qu'elle est compliquée en Prusse. Un sous-assesseur dans chaque district reçoit et

2

vérifie les déclarations, en cas de doute fait prêter serment aux parties. Celles-ci, lorsqu'elles ne sont pas satisfaites de la décision, peuvent en appeler devant le commissaire du district qui décide en dernier ressort (1).

Cet aperçu rapide de l'organisation de l'impôt sur le revenu dans les divers pays qui l'ont adopté, doit convaincre les esprits les plus prévenus que l'impôt sur le capital peut être tout aussi facilement établi sur des bases analogues. Dans beaucoup de cas il suffit de trouver la moyenne d'intérêts produits par

(1) Quant à la Russie, nous n'aurions rien à en dire, si une espèce de contribution de guerre n'était établie, depuis 1863, dans les provinces de Vilna, Kowno, Grodno, Minsk, Witepsk, Mohilew, Wolhynie, Podolie et Kiew. Cette contribution singulière et curieuse atteint seulement la grande et la moyenne propriété territoriale. Elle est censée être de 5 pour 100. Les propriétaires, professant la religion d'état gréco-russe, n'y sont pas soumis. Elle frappe ceux qui appartiennent aux cultes catholique, protestant et musulman, sans peser sur les israélites, par la bonne raison que ces derniers sont privés du droit de posséder des terres dans les provinces sus-mentionnées. L'évaluation du revenu est livrée à la volonté arbitraire des gouverneurs militaires ou civils et à une bureaucratie peu délicate dans ses procédés et d'une probité douteuse. Cette *income-tax*, dans laquelle la science financière n'a rien à voir, est une mesure politique et un moyen honnête et modéré de propagande religieuse. Tout propriétaire catholique, protestant ou musulman, qui embrasse la religion dominante est immédiatement affranchi de cet impôt. On pourrait l'appeler l'*impôt assyrien*, car, pour ruiner les israélites captifs, l'administration de Ninive et de Babylone agissait de la même façon, non pas sous un Assuérus, mais sous un Balthasar.

une classe de capitaux pour arriver, — en multipliant
simplement cet intérêt moyen, par le chiffre corres-
pondant à son taux, — à la détermination du capital imposable. Ainsi le revenu foncier équivalant
en moyenne à un intérêt de 3 pour 100 du prix
d'achat de la propriété, multiplié par 33,33 donnerait
la valeur en capital.

Un moyen encore plus simple et qui, dans la pratique, donne des estimations très-approximatives de
la vérité, consiste à multiplier la cote foncière d'une
propriété par le chiffre 300. Ainsi, une terre, payant
en moyenne 33 à 34 fr. d'impôt foncier vaut en capital
environ 10,000 fr.

Il en est de même des revenus provenant de l'industrie, du commerce, des chemins de fer, etc., qui,
capitalisés au denier 25-20 ou 16,66 selon la nature
de la propriété, représentent la valeur du capital imposable. Il est bien entendu que nous ne faisons pas l'application de cette règle aux salaires, traitements,
pensions, honoraires et autres revenus personnels du
même genre, qui ne représentent que le travail en
voie de création d'un capital au moyen de l'épargne,
car tout revenu ne peut avoir que cette double des-
tination : d'être consommé ou d'être capitalisé ou,
en partie, l'un et l'autre en même temps. La partie

consommée a payé les impôts indirects de consommation, l'autre sert aux placements sous diverses formes. C'est aux propriétaires de cette partie épargnée, c'est-à-dire capitalisée, que nous demandons, pour une seule fois, le sacrifice de la 33ᵉ parcelle, représentant 3 p. 100 de tout capital.

Indépendamment de ce mode d'évaluation du capital qui consiste à soumettre le revenu constaté à une simple opération arithmétique, le gouvernement dispose de moyens très-nombreux pour puiser à la source même des renseignements positifs. L'enregistrement des contrats d'achat et de vente des immeubles, des charges et offices ministériels, des fonds de commerce, des établissements industriels, les déclarations de succession, les contrats de mariage, les inventaires, la production des livres de commerce, les notes des agents de contribution, sont autant de sources d'informations authentiques qui permettent l'évaluation du capital avec la même certitude, que celle du revenu annuel. Nous n'allons donc pas nous étendre davantage sur ces procédés purement techniques, et employés partout aussi bien pour constater le revenu que le capital de la propriété imposable; mais il nous reste à résoudre une question dont nous ne nous dissimulons nullement la gravité, car c'est elle qui arrête l'adhésion de beaucoup d'esprits éminents et sérieux, à notre projet, ou du moins les fait hésiter devant l'application de la mesure d'exécution dont nous nous sommes faits les promoteurs. Cette question; c'est la possibilité de réaliser, dans un temps relativement court (trois ans), par l'aliénation d'une partie de la propriété, les sommes nécessaires pour acquitter l'impôt. Nous croyons avoir trouvé la solution de cette question dans les combinaisons suivantes, que nous soumettons à l'appréciation de ces esprits éclairés et impartiaux.

1° *Quant à la propriété foncière.*

Il existe une institution, — à la fondation de laquelle, en 1852, nous avons été heureux de pouvoir aider notre ami, M. Louis Wolowski (membre de l'Institut et député),— et qui est suffisamment connue pour avoir rendu de grands services à la propriété immobilière.

Cette institution, nous avons à peine besoin de la nommer, est le *Crédit foncier de France.* Les *Obligations* de cette Société, qui, sous diverses formes, ont mis le capital argent, aux meilleures conditions possibles, à la disposition de la propriété du sol et de la propriété bâtie, sont entre les mains de tout le monde. — Les obligations à 3 et à 4 pour 100 et les obligations communales ; les unes et les autres avec leurs coupures de dixièmes ; enfin, les *lettres de gage 5 pour 100* avec amortissement, se prêtent admirablement aux divers besoins d'emprunt qu'éprouvent les propriétaires d'immeubles, en même temps qu'elles offrent des modes de placement aussi sûrs que variés, selon les convenances des capitalistes. C'est à cette institution qui a fait ses preuves, que nous projetons d'avoir recours, pour faciliter aux propriétaires les moyens de s'acquitter de leur quote-part dans la contribution nationale extraordinaire ; dans le cas où, pour divers motifs, certains contribuables ne pourraient pas, ou ne seraient pas disposés à aliéner une parcelle de leur propriété.

Pour arriver à ce but, le Crédit foncier serait autorisé par le gouvernement, à émettre un nouveau genre d'obligations dites, *obligations libératoires de la contribution de guerre.* Elles payeraient un intérêt assez élevé pour en hâter la liquidation, 7 à 7 et demi pour 100, par exemple, ce qui ferait affluer les capitaux étrangers.

Ces obligations, destinées uniquement à l'acquittement d'un impôt public, jouiraient du même privilége que les arrérages des contributions directes, elles viendraient se classer dans l'ordre d'inscription hypothécaire, immédiatement après celles-ci, et auraient la priorité sur les autres créances hypothécaires et chirographaires, voire même celles des autres obligations du Crédit foncier (1).

La garantie assurée à ce Crédit par l'immeuble engagé, jusqu'à concurrence de 50 ou de 33 un tiers pour 100 de sa valeur estimée, ne serait pas notablement altérée par ce fait, que les nouvelles obligations reculeraient cette garantie de 3 pour 100. La propriété de l'emprunteur *déjà engagée* au Crédit foncier, le serait tout simplement dans la proportion de 53 ou 36 un tiers pour 100, au lieu de l'être jusqu'à 50 et 33 un tiers pour 100, ce qui ne présente aucune espèce de danger pour l'institution, laquelle jouirait, d'ailleurs, de la garantie de 97 pour 100 sur les propriétés *non engagées* dans les autres emprunts à cette société.

2° *Quant à la propriété mobilière.*

(1) A ce sujet, nous devons faire remarquer que, d'après notre projet, les *créances hypothécaires en général*, seraient assujetties, comme les autres capitaux et au même taux, au paiement de la contribution de guerre. La perception de cette taxe se ferait, en pareil cas, directement par les agents du fisc ou au moyen d'une retenue opérée par le propriétaire foncier débiteur. Ainsi le propriétaire d'un immeuble estimé 100,000 francs mais grevé d'une hypothèque de 80,000 francs, ne payerait la contribution qu'à raison d'un capital de 20,000 fr. net.

Le service que le *Crédit foncier de France* serait ainsi appelé à rendre à la propriété immobilière, pourrait être librement rendu à la propriété mobilière par d'autres institutions de crédit dont la spécialité se rapporte à cette autre grande branche de la fortune publique. Le Crédit industriel et commercial, la Société générale, le Crédit mobilier, le Comptoir d'escompte, le Syndicat des banquiers, etc., pourraient offrir à leur clientèle des *Obligations mobilières,* créées dans le même but spécial: *la libération du capital de la contribution de guerre.* Cette création ne reposerait cependant que sur des combinaisons librement établies par les compagnies respectives et librement acceptées par leurs clients, sans aucune espèce de privilége, ni d'intervention du gouvernement qui n'y verrait qu'un nouveau mode de transactions privées, destiné à faciliter le paiement d'une contribution décrétée par lui.

Ainsi donc, nous croyons avoir clairement démontré:

Que l'*impôt sur le capital* est à plusieurs points de vue préférable à l'*impôt. sur le revenu,* surtout dans les circonstances urgentes actuelles ;

Que l'assiette de cet impôt n'est pas plus difficile à établir que celle de son congénère annuel et permanent, et que la perception peut en être opérée avec assez de facilité, grâce au concours des sociétés de crédit, surtout celle du Crédit foncier.

Enfin ;

Qu'il est moins dangereux dans notre société démocratique quelque peu versatile et parfois sujette aux emportements, en ce sens qu'il n'a besoin d'être appliqué qu'*une seule fois* pour atteindre le but désiré et qu'il offre bien moins de chance d'être converti en *impôt progressif* dont les périls sautent aux yeux de tout le monde.

Les conservateurs de saines doctrines, à quelque nuance d'opinion politique qu'ils appartiennent, reconnaîtront, s'ils sont sincères, l'importance de ces avantages. Quant aux radicaux, leur patriotisme encouragera, espérons-le, tout travailleur, propriétaire, ne serait-ce que d'un petit mobilier ou d'une somme de 100 francs déposée à la caisse d'épargne, à porter au Trésor public son *petit écu* de trois francs, pour libérer la France de la contribution de guerre et de l'occupation prussienne ! Le Trésor, au nom de la France reconnaissante, délivrera à ce contribuable une quittance commémorative que celui-ci conservera et transmettra à ses héritiers, comme souvenir d'une époque douloureuse où la Patrie a eu

besoin des sacrifices pécuniaires de tous ses en-
fants! (1)

(1) Nous ne tenons pas les étrangers eux-mêmes, possédant des capitaux en France, pour affranchis de la contribution proposée. L'acquittement de cet impôt doit leur valoir, à notre avis, l'admission immé-
diate à la jouissance des droits civils en France. Un an après, sur leur
demande et avec l'assentiment du Gouvernement, ils devraient pouvoir
obtenir leur naturalisation.

Quant aux Français résidant à l'étranger, ils seraient obligés de faire
leur déclaration *sous serment* devant les légations ou les consulats de
France dans le pays de leur résidence, et acquitter la taxe de 3 p. 100
sur toutes leurs propriétés mobilières et immobilières situées même
hors de leur pays. Une fausse déclaration, nous l'avons dit ailleurs,
serait assimilée à un faux témoignage devant la justice et punie
comme tel.

CONSIDÉRATIONS GÉNÉRALES

Après la publication de notre premier travail sur la libération de la France, des approbations sincères, d'une part, des critiques bienveillantes, de l'autre, nous ont engagé à faire passer notre idée de la théorie à la pratique. Dans cette seconde partie, nous croyons avoir rendu aisé ce qui paraissait difficile ; mais l'amour-propre ne nous égare pas au point de nous flatter de convaincre tout le monde.

Et d'abord, ce serait, suivant toute probabilité, une vaine illusion que d'espérer rendre favorable à notre projet l'illustre historien du Consulat et de l'Empire, qui n'a cessé de repousser toutes les innovations financières, qu'il semble confondre à plaisir avec le système de Law, dont il donnait, dans sa jeunesse, une brillante analyse. C'est ainsi qu'il fit rejeter par l'Assemblée de 1848 la proposition de notre ami M. L. Wolowski, l'éminent économiste, d'établir le crédit foncier avec la garantie de l'État, et qu'il se plut, en parlant des lettres de gage ou obligations foncières, à évoquer le spectre des assignats de 1793. Rien ne porte à croire que le voyageur diplomatique du 4 septembre ait modifié son opinion à ce sujet, malgré le succès éclatant d'une entreprise, dont il avait réussi, par son éloquence, à retarder la création.

Le Crédit foncier, fondé sous d'autres auspices, en 1852, comme société anonyme ; puis élevé, en 1854, au rang d'une institution quasi-officielle (1), a prospéré, chacun le sait, en dépit de ses détracteurs. Il a émis pour 1,623 millions d'obligations foncières ou communales ; il a traversé, sans encombre, des calamités terribles, et il promet de rendre, comme par le passé, des services aux particuliers et aux communes. Sans l'opposition de son redoutable adversaire, cette institution aurait été d'une utilité encore plus grande. La garantie de l'état proposée par M. Wolowski, et malheureusement repoussée, aurait donné des développements plus féconds aux opérations du Crédit foncier. Félicitons-nous cependant de son existence telle qu'elle a pu se produire.

L'Assemblée souveraine siégeant à Versailles verra-t-elle notre projet d'un meilleur œil que son vénérable mandataire ? La majorité conservatrice le trouvera probablement, de prime-abord, trop hardi, et la mi-

(1) Le gouvernement s'étant réservé la nomination du gouverneur' du sous-gouverneur et de quelques administrateurs, receveurs-généraux.

norité radicale l'accusera peut-être d'être encore trop timide.

La contribution sur le capital, disons-le aux conservateurs libéraux et autres, prélevée une fois et exceptionnellement, est un remède héroïque, si l'on veut, mais qui compromet moins la sécurité des capitalistes que les vains palliatifs mis en avant sous diverses formes. Ces palliatifs n'écarteront nullement les dangers d'une banqueroute partielle plus ou moins déguisée, comme celle que nous offrent, en ce moment, trois puissances européennes : l'Autriche, où la rente est grevée d'un impôt de 16 pour 100; l'Italie, où la rente paie à l'État 14 pour 100, et l'Espagne, où la rente sera frappée bientôt d'une réduction de 18 pour 100. La France, si on n'y prend garde, sera amenée à recourir au même expédient; et, en entrant dans cette voie dangereuse, qui sait où l'on s'arrêtera !

Nous vous avons entendus, Conservateurs, assimiler notre impôt sur le capital à une amputation. Nous acceptons votre métaphore et nous vous répondrons qu'il est sage de se soumettre à une opération chirurgicale en présence d'une gangrène imminente.

Une apparente audace n'est souvent que de la prudence réfléchie.

A la minorité de l'Assemblée, qui pencherait vers

des moyens plus énergiques que le nôtre, nous dirons: Puisse votre patriotisme faire taire un moment des théories préconçues, mal expérimentées encore et inspirant, à tort ou à raison, une répugnance invincible! Contentez-vous de l'impôt sur le capital tel que nous vous le présentons. Ne tâchez pas de le rendre progressif : formulé ainsi, il serait indubitablement rejeté.

La mesure que nous recommandons devrait concilier les deux partis: elle est conservatrice, car son acceptation préserverait des commotions financières qui ébranleraient gravement l'ordre social ; elle est radicale, car, par un seul effort énergique, elle écarte un obstacle des plus sérieux à la marche progressive du pays.

Néanmoins, il est à prévoir que les deux partis s'uniront contre nous dans une objection qui leur sera commune: la crainte de se rendre impopulaires en imposant le capital, comme s'est rendu impopulaire, à ce qu'on prétend, le gouvernement de 1848 par les 45 centimes additionnels. L'impopularité de ce dernier gouvernement tient à d'autres causes principalement politiques.

Les 45 centimes, nous nous en souvenons, ont été payés intégralement et sans beaucoup de murmures.

Plus tard, les partis vaincus par la révolution de février — simple surprise à leurs yeux— et voulant remonter le courant soit jusqu'à 1815, soit jusqu'à 1830, se firent une arme de guerre du vote des 45 centimes, comme ils jetèrent en pâture aux railleries de l'ignorance les 25 francs par jour des représentants du peuple. Tous les prétextes semblaient bons aux Burgraves (comme on appelait les partisans des anciens régimes, réunis en comité dans la rue de Poitiers), qui ne reculèrent devant aucun moyen pour battre en brèche l'influence du général Cavaignac. Cet intègre citoyen aurait été le Washington de la France, si le tempérament de la France avait pu s'accommoder d'un Washington : mais il avait un grand défaut, provenant d'un cœur droit et d'une conscience trop honnête, celui de ne pas savoir percer à jour l'hypocrisie des vieux partis, qui, en le flattant, travaillaient, en dessous, à faire triompher son rival le prince Louis Napoléon, dont ils espéraient se faire un pont pour rebrousser chemin et revenir les uns à la Charte de Louis XVIII, les autres à celle de Louis-Philippe, basées toutes les deux sur le cens électoral, principe purement matérialiste.

On sait ce qui advint de ces habiles manœuvres, et comment le pont se changea en barrière.

La sagesse est fille de l'expérience. Ainsi, il nous répugne d'admettre que les burgraves, s'il en existe encore, recommencent le travail ingrat d'autrefois. En tous cas ils se montreront plus scrupuleux que leurs devanciers. Ils ne voudront pas changer en instrument hostile une mesure justifiée par la nécessité et se faire des malheurs du pays une échelle pour arriver à quoi? — A un anachronisme !

Les honorables conservateurs de l'Assemblée actuelle, que nous ne voulons nullement confondre avec leurs devanciers d'il y a vingt ans, ne céderont pas non plus, relativement à notre projet, au sentiment étroit de la peur. C'est là une mauvaise conseillère : elle fait commettre en finance, comme en politique, des fautes quelquefois irréparables.

En terminant, nous nous permettrons d'exprimer le vœu que quelque vrai représentant du peuple s'empare de notre idée pour la libération de la France, qu'il se l'approprie par des raisonnements persuasifs et qu'il sache déterminer un mouvement d'opinion publique qui amène la réalisation de cette idée, — sinon immédiatement, au moins assez tôt pour prévenir les désastres financiers dont notre patrie est menacée.

Caveant consules !